Otto Wigand

Ungarns politische Krisis

Otto Wigand

Ungarns politische Krisis

ISBN/EAN: 9783743330535

Hergestellt in Europa, USA, Kanada, Australien, Japan

Cover: Foto ©ninafisch / pixelio.de

Manufactured and distributed by brebook publishing software (www.brebook.com)

Otto Wigand

Ungarns politische Krisis

Ungarns politische Krisis.

Von einem

ungarisch=deutschen Publicisten.

Leipzig
Verlag von Otto Wigand.
1874.

I.

Allgemeine Betrachtungen über den österreichisch-ungarischen Ausgleich und seine Folgen für Ungarn.

Das siebenjährige Experiment des modernen dualistisch-parlamentarischen Verfassungsregimes in Oesterreich-Ungarn hat reichliche Früchte getragen, um die Licht- und Schattenseiten dieses mindestens für Ungarn verhängnißvollen Experimentes vollauf zu erkennen. Die Lähmung und die Dissolution dieser Zweistaatengruppe nimmt in der That immer größere Dimensionen an und jeder Unbefangene muß gestehen, daß die österreichisch-ungarische Monarchie heute nicht kräftiger und nicht geeinigter ist, als sie nach dem verhängnißvollen Kriege mit Preußen war. — Und doch sollte der Ausgleich mit Ungarn das Mittel bieten, um die geschlagene Monarchie des Hauses Habsburg zu neuem Leben zu erwecken. So gab man in den Ländern der ungarischen Krone jener stolzen und freiheitlichen Grundbesitzerklasse das Heft der Regierung in die Hände, welche seit jeher und bis zum Sturz der ungarischen Feudalverfassung im J. 1848 das Land regierte; besser gesagt mißregierte, denn den erbärmlichen Zustand dieses schönen Landes, seine geistige und materielle Niedrigkeit hat nur diese oligarchische Adelsregierung verschuldet, weil sie eine energische, für das Land fürsorgliche Regierung prinzipiell niemals aufkommen ließ. Die Wiederherstellung dieser Adelsregierung hatte schon das von den ungarischen Altconservativen geschaffene Octoberdiplom von 1860 meisterhaft vorbereitet, indem dieses Diplom die unselige Patricier-Wirthschaft der ungarischen Komitate und damit die Fluth jener politischen Anarchie heillos entfesselte, welche selbst die guten und heilsamen Regierungsinstitutionen schonungslos zerstörte, die Oesterreich in der kurzen absolutistischen Periode von 1850 bis 1860 in Ungarn geschaffen. In der That haben die conservativen ungarischen Staatsmänner des Octoberdiplomes als einsichtsvolle Politiker sich schlecht bewährt, denn hätten sie diese Springfluth der Anarchie, der Zerstörung und der staatlichen Decomposition des eigenen Vaterlandes vorausgesehen, welche das Octoberdiplom mit unwiderstehlicher Gewalt in Ungarn aufschließen mußte, so hätten sie wohl die Anbahnung constitutioneller Zustände in minder destructiver Weise eingeleitet. Der Hof war, wie so oft, in ungarischen Sachen von den ungarischen Torys schlecht berathen; er war im J. 1860 ebenso wie später im J. 1867 verzagt und rathlos und meinte, er werde die ungarische Bewegung in den von ihm vorgezeichneten Grenzen doch erhalten können. Bald darauf mußte man doch zum „Belagerungszustand" — mit einem österreichischen General als Gouverneur an der Spitze — greifen. Seit dem Octoberdiplom sind nun 14 Jahre verflossen und Ungarn befindet sich heute in derselben Verwaltungs-Anarchie, welche das J. 1861 geschaffen. Die Aussichten auf Herstellung einer geordneten Staatsverwaltung schwinden immer mehr und mehr und die öffentliche Meinung, selbst in den Kreisen der am meisten österreich=feindlichen ungarischen Opposition, bricht ungescheut den Stab über die eigene constitutionelle ungarische Staatsverwaltung und macht für den ungarischen Patriotismus keineswegs angenehme Vergleiche zwischen jetzt und den Zuständen des Landes unter dem verhaßten österreichischen absoluten Regime von 1850—60. Das fünfjährige Provisorium von 1862—67 mit dem politisch=impotenten General Grafen Pálfy an der Spitze war einfach die Pause eines erzwungenen Schlummers. Dieses Provisorium nützte dem Lande nichts, aber es verschlimmerte auch nicht die Lage, insofern die turbulenten Komitatsversammlungen gesperrt, die ernannten Komitatsbeamten der ungarischen Statthalterei=Regierung ergeben waren und die Maschine der Verwaltung mindestens den Dienst nicht versagte. Daß Oesterreich diese kostbare Zeit wieder **unthätig** verstreichen ließ, beweist nur die Beschränktheit der damaligen österreichischen Staatsmänner, welche stolz meinten: „**wir können warten**". — Nun diese Saumsal hat sich im 1866er Kriege und im 1867er Ausgleiche bitter gerächt. Jetzt kam Beust als Retter Ungarns an die Spitze. In der Geschichte Oesterreichs ist der Fall sicher ohne Beispiel, daß der Minister eines fremden Staates, der die ungarische Geschichte, den Geist der herrschenden magyarischen Classen und Koterien, die wahren Bedürfnisse des Landes, sowie die Zustände der Gesammtmonarchie nicht kannte und auch nie in der Lage war, sie kennen zu lernen, dennoch berufen wurde, um den Ausgleich Oesterreichs mit Ungarn — à tout prix — in Scene zu setzen. Und das geschah mit einer Hast und Unbesonnenheit, als ob man in Wien den Plan gehabt hätte, gleich nach der Krönung mit hunderttausenden ungarischen Freiwilligen nach — Berlin zu marschiren, um Sadowa zu rächen. Zweifellos ist, daß man wunderbare Erfolge von diesem Ausgleiche für die Kräftigung der österreichischen Monarchie, insbesondere aber für die Zufriedenstellung Ungarns selbst erwartete. Desto empfindlicher und demüthigender wirkt nun in der Gegenwart die gründliche Enttäuschung dieser kurzsichtigen Hoffnungen. Der Hof, resp. sein Reichskanzler, Graf Beust, unterhandelte freilich nicht mit dem Lande Ungarn oder seinen Völkern. Das ist ihm nicht übel zu nehmen, da ihm ja Ungarn von jeher eine „terra incognita" war; sondern Graf Beust unterhandelte mit dem gefeierten Patrioten Deák und den Getreuen dieses damals allmächtigen Mannes. Diese mögen eine begreifliche Ungeduld und Hast nach dem Besitz der Herrschaft des Landes besessen haben. Von dieser Koterie wurde das in der Geschichte der von einem Monarchen regierten Großstaaten bisher unbekannte System „der Parität und des Dualismus" mit der Institution zweier gleichberechtigter, von einander unabhängiger Delegationen geschaffen, wahrlich, eine paradoxe Idee, deren Urheber zweifellos der gefeierte Patriot Franz Deák selbst war, der freilich nicht zugeben wollte (und ohne Gefährdung seines Ruhmes auch nicht zugeben konnte), daß Ungarn zu Oesterreich, welches den Ausgleich sofort haben wollte, in jenes altconstitutionelle Verhältniß wieder eintrete, in welchem seit der Regierung der deutschen Kaiser in Ungarn, also seit mehr als 300 Jahren, thatsächlich Ungarn immer war, nämlich in das bundesstaatliche Verhältniß, das keine Parität, keinen Dualismus kennt und nur jene Bundesstellung Ungarn zugestand, welche das stärkste Mitglied im österreichischen Bundesstaate im Verhältnisse zur Größe seiner Pflichten und Leistungen zu fordern berechtigt ist. — Denn in einem Bundesstaate hat sicher noch niemals ein einzelnes Glied desselben — und wäre es das mächtigste und stärkste — die Parität gegenüber allen anderen Bundesgliedern behauptet oder beansprucht. So was ist auch Ungarn bis zum J. 1848 niemals eingefallen, denn die Parität und der Dualismus in einer Bundesmonarchie ist am Ende doch nur eine Lüge und kann sich nur so lange nothdürftig erhalten, als die beiden paritätischen Bundesstaaten einer Monarchie im Einverständnisse sich befinden; hört dieses auf, so zeigt sich der Dualismus sofort in Ermangelung einer obersten legislativen Bundesgewalt in der nackten Gestalt einer staatlichen Trennung, einer Lösung und Lähmung der Monarchie in Folge Conflictes der beiden unabhängigen Staatsgebiete, falls nicht für diesen Fall die absolute Gewalt des gemeinsamen Monarchen als Heilmittel gesetzlich reservirt ist, wodurch diese kritische Lage beseitigt werden kann. Aber eine solche absolute Monarchengewalt für diesen Fall (ein unbedingt nothwendiges, wenn auch ungenügendes Heilmittel) besteht constitutionell gar nicht, wäre auch nur eine schreiende — Anomalie zu dem parlamentarischen und verantwortlichen Ministerregime der beiden getrennten Staaten Oesterreich und Ungarn, kraft dessen der Monarch als solcher dies- sowie jenseits der Leitha eigentlich keine spontane Regierungsgewalt hat (so wird dies factisch in Ungarn geübt) und den Entschließungen seiner parlamentarisch gewählten Minister sich einfach — zu fügen hat(!). Immerhin sind zwei Delegationen eine willkommene Handhabe für jede Regierung, welcher die Einigkeit und Eintracht einer Gesammtdelegation unbequem werden könnte. Für diese bewährte Maxime des „divide et impera" bietet eben die Deák'sche zweiköpfige Institution die beste Handhabe. In der That haben diese österreichisch-ungarischen Delegationen seit sieben Jahren nur ein sieches Leben gefristet und konnten im Vertrauen und in der Achtung der Völker, weder in den österreichischen noch ungarischen Ländern Wurzeln fassen. Sehr begreiflich: weil jede politische Institution, deren Prinzip die Trennung und Isolirung ist, bei den bundestreuen Völkern nur Widerwillen erzeugt, während diese Trennung in den Augen der „magyarischen Patrioten" doch keine vollständige ist und der „vollen Souverainität des ungarischen Staates" einen Riegel vorschiebt, so mußten auch diese Delegationen — angefeindet von allen Völkern — als kraft- und machtlos sich bewähren, daher ihre Thätigkeit — mit dem gemeinsamen stummen Abstimmungsapparate — die Völker Oesterreich-Ungarns entweder gleichgültig gelassen oder selbst verstimmt hat. — Indem man in Wien nicht den Muth und den Willen besaß, einer solchen von Deák geforderten zweigliedrigen Institution Widerstand zu leisten, hat man die Monarchie leider auf eine höchst prekäre und ewig schwankende Basis gestellt, welche das wahre constitutionelle Leben und Interesse für die Reichsangelegenheiten geradezu lähmt und die zahl-

reichen Völker in Oesterreich-Ungarn, die aufrichtig an
der Monarchie hängen, — für die gemeinsamen
Angelegenheiten immer mehr erkalten läßt, dadurch aber
die Quelle der Liebe und der patriotischen Hingebung für das
Reich austrocknet, welche doch allein der sicherste Kitt ist, um
die Völker dieses polyglotten Reiches zusammenzuhalten und
den in der großen Minorität befindlichen, aber durch diese
unglückliche Organisation mit großer politischer Macht begabten
Dissolutions-Elementen ein kräftiges Gegengewicht ent=
gegenzustellen. Der Dualismus — darüber ist heute Jeder=
mann schon im Klaren — hat nur der chauvinistischen Idee
eines souverainen ungarischen Staates mächtigen Vorschub
(leider zum eigenen Verderben Ungarns und zur Entfremdung
seiner Völker) geleistet, während dieser Dualismus in seiner
Wirkung auf die Länder jenseits der Leitha, sagen wir es
offen, eine stramme staatliche Centralisirung zum Nachtheil
berechtigter Länderautonomie geschaffen und dadurch die poli=
tische Entfremdung der slavisch-österreichischen Völker als
natürliche Consequenz der ungarischen Staats=
formation und unter dem Drucke derselben erzeugt, aber
auch im herrschenden deutschen Volke Oesterreichs ein durch
die Spaltung Oesterreichs in zwei Staaten sehr begreifliches
Gefühl politischer Schwäche hervorgerufen hat, welches den
Schutz für die Deutschen eher im großen deutschen Mutter=
reiche zu finden wähnt, weil dies deutsch-österreichische Volk
das von ihm immer hochgehaltene, starke und einige Oester=
reich in dem Dualismus heute nicht mehr finden kann. Solche
unnatürliche Staatsorganisationen, welche nicht als natürliche

Entwicklung der staatlichen Verhältnisse, sondern als gewaltsame und störende Eruptionen (ein Ausfluß des Kossuth'schen Geistes) zu betrachten sind, müssen sich immer rächen und es ist zu besorgen, daß die Dissolutions-Tendenzen der österreichisch-ungarischen Völker sogar in die Reihen der österreichischen Armee eindringen werden. Diese immer sorgfältig gehütete einheitliche Armee Oesterreichs, das einzige noch übrig gebliebene solide staatliche Band der Monarchie, muß früher oder später ein Spiegel dieser Völkerdissolution werden, sobald der jetzige politische Zustand der Monarchie noch lange anhält. Diese Dissolution, die leider eingetreten ist, war schon vor dem Ausgleiche mit Bestimmtheit vorauszusehen, aber eine unbegreifliche Verblendung, die seinerzeit den Ausgleich mit Ungarn um jeden Preis angestrebt, hatte den Blick in die Zukunft leider getrübt. — Denn die sofortige Krönung und die heilige ungarische Krone auf dem Haupte des Kaisers von Oesterreich sollte ja Wunder wirken auch für Ungarn. — Doch heute, nach sieben vollen Jahren einer unbeschränkten, vom Monarchen nie beeinflußten parlamentarischen Regierung, klagt das ungarische Volk und klagen alle übrigen Völker des Landes: „wo ist unser König, wo ist des Königs eigene Regierung? Warum regiert nicht der König selbst, wie alle Könige Ungarns selbst regiert? Warum läßt der König das Land zu Grunde gehen durch die Fehler und die Unwissenheit der Parlamentsregierung?" So hat das Experiment des Dualismus und der parlamentarischen Regierung Ungarns nicht nur den einheitlichen Bestand der Monarchie in Frage gestellt, sondern auch als eine verhängnißvolle Geißel für das unglückliche Land sich offenbart, welche Ungarn seit sieben Jahren mehr Wunden geschlagen und die ungarische Nation sittlich und materiell mehr zerstört und zu Grunde gerichtet hat, als das absolute Regime selbst des lasterpollsten Despoten in viel längerer Zeit nicht hätte bewirken können. — Denn wie die wilde Meute an das wehrlose gehetzte Thier sich anklammert und es als seine Beute zerfleischt, so haben gar zahlreiche allmächtige ungarische Herren im Besitze der Staatsgewalt diesen ungarischen Staat ausgebeutet, um ihre Hab- und Herrschsucht zu befriedigen und die parlamentarischen Minister Ungarns waren, wenn nicht selbst Hebel, doch immer die gefügigen Werkzeuge dieser hab- und herrschsüchtigen Herren und Gebieter im Parlamente und haben gehorsam Hilfe und Vorschub geleistet beim Werke dieser Ausbeutung des Landes. Das Schauspiel einer solchen Regierung unter dem Deckmantel des gekrönten Königs ist in der Geschichte der ungarischen Könige mindestens aus dem deutschen Kaiserhause sicher ohne Beispiel. Diese Mißregierung des Parlamentarismus erinnert an die traurigsten Zeiten der Geschichte Ungarns und seiner Parteizerrüttungen und beleuchtet um so greller den Ausspruch der weisesten Könige, demnach der ungarische Herrenstand nur durch ein strenges souveraines Regiment des Königs zu bändigen und in Schranken zu halten ist, so daß, wenn eine von den Parteien unabhängige königliche Regierung fehlt, die Anarchie, die Raubsucht und die Parteiwuth erbarmungslos das Land zerstören, — wo es noch keinen kompakten Bürger-, keinen Mittelstand gibt und der besitzende frühere Feudaladel unter der Maske des „Parlamentarismus" seine für Ungarn seit einem Jahrtausend immer unfruchtbare Herrschaft auch gegenwärtig übt. — Wir wollen zugestehen, daß Deák und die ehrlichen charakterfesten Anhänger seiner Partei im guten Glauben an die siegende Gewalt und die fruchtbaren Prinzipien der „parlamentarischen Regierung" dieses für Ungarn unheilvolle Regierungsprinzip verwirklichten. Das beweist aber nur, wie kurzsichtig diese Männer dachten und wie sehr sie ihre eigenen Standesgenossen und ihr ganzes Volk falsch beurtheilt haben, wenn überhaupt diese entschuldigende Annahme zulässig ist. — Sie haben diese politischen Regierungsideale aus England geholt und haben vergessen, daß in Ungarn der Bürgerstand und die Reinheit der politischen Sitten, so wie das politische Gefühl und Verständniß im Volke durchaus noch fehlt, um solche Regierungsprinzipe mit Ehren und Verständniß in's Leben einzuführen. Sie haben vergessen, daß die tausendjährige Geschichte des ungarischen Adels nichts ist, als eine fortlaufende Kette von Willkühr, Ungebundenheit und ein consequenter Widerstand gegen eine das Volkswohl fördernde Regierungsgewalt. — Sie haben vergessen, daß dieser ungarische Grundbesitzer-Adel im Ganzen und Großen immer der Verschwendung, der liederlichen Wirthschaft, der Corruption, der legislativen Impotenz ergeben und für eine geordnete Verwaltung unfähig war, daß der Rechtssinn und das Rechtsgefühl gar wenig Wurzeln fassen konnte, während die durch die liederliche Wirthschaft und die Arbeitsscheu angespornte Habsucht nach leichtem Erwerb, der Sittlichkeit des ungarischen Charakters im staatlichen Leben immer schwere Wunden schlug. Konnten Deák und seine Freunde sich einbilden, daß ihre Standesgenossen ein anderes Geschlecht seit 1848 geworden sind und durften sie sich überhaupt der Hoffnung hingeben, daß nach Confiscation der seit 1000 Jahren immer geübten souverainen Rechte der ungarischen Könige zu Gunsten eines lächerlich aufgeblasenen importirten ungarischen Parlamentsregimes, dieses letztere das Land auch mit einer ehrlichen, geschickten, unparteiischen und energischen Regierung beglücken und dem wahnsinnigen permanenten Parteienkriege Einhalt gebieten werde? Grade das Gegentheil von all' dem ist in der Wirklichkeit eingetroffen; das parlamentarische Regime ist die Pandorabüchse für Ungarn geworden, welche Verderbniß, Anarchie, Decomposition, fiskalische Vergeudung und einen sinnlosen Parteikrieg entzündet und das Land dem unvermeidlichen Bankrott entgegengetrieben hat. Statt daß die adeligen Grundbesitzer, eingedenk der schwierigen Lage des Landes, eingedenk ihrer eigenen ungeheueren Verantwortung, wegen des Besitzes einer solchen unbeschränkten Staatsgewalt, die sie seit der Regierung des Hauses Habsburg in Ungarn und überhaupt seit der Regierung der Könige Ungarns noch niemals besaßen, jetzt mit männlicher Resignation, politischklug, mäßig, vor allem aber in Anbetracht der übernommenen schweren gemeinsamen Lasten und der großen Armuth dieses Landes sehr sparsam und mit ehrlichen Absichten und Mitteln diese Fülle ihrer vom Könige übernommenen Staatsgewalt zum Besten des Landes, des ungarischen Gesammtvolkes und aller übrigen Völker gehandhabt und jene administrativen und gerichtlichen Institutionen sofort wieder hergestellt hätten, welche die blinde Wuth des stürmenden Adels in den Komitaten im J. 1861 wegfegte, wodurch das Land der Anarchie in Verwaltung und in der Rechtspflege erbarmungslos preisgegeben wurde, was thaten sie? Es sonderte sich sofort die Deákpartei, die den Ausgleich mit Oesterreich zu Stande gebracht, als streng geschlossene Phalanx und nahm **ausschließend** Besitz von der Staatsgewalt, gleich als sei dies ihr ausschließliches Monopol, und das that sie in einer Weise, welche ebenso thöricht, als hassenswerth und verderblich war, indem sie nur ihre Creaturen bedachte ohne Rücksicht auf Verdienst und Ehrlichkeit, ohne Unterschied der Person, nur ihre habsüchtigen Parteigänger und deren Günstlinge in Aemter und Würden einsetzte (die den Staat mit ihrer Unfähigkeit, theils auch Corruption, offenbar zu Grunde richten), sodann aber, um ihre Habsucht zu befriedigen, mit den Staatsgeldern unbarmherzig wirthschaftete, die Gegenpartei aber mit Hohn und Schadenfreude von Allem und Jedem ausschloß, sogar jede Verbindung und Verständigung mit derselben principiell unmöglich machte, damit nur nicht der „fette Bissen" der Staatsgewalt auch unter diese vertheilt werde. Natürlich mußte dies Gebahren die ebenfalls hungrige Gegenpartei umsomehr erbittern, die nun mit rücksichtsloser Wuth die Fahne der staatsrechtlichen Opposition aufpflanzte, die gemeinsame Armee, das Institut der Delegationen u. s. w. bekämpfte und damit den alten österreich-feindlichen Geist in den magyarischen Kernkomitaten in seine beliebte österreichfeindliche Bahn brachte, wodurch die magyarische Volksmeinung gleich im Beginne Mißtrauen gegen das Ausgleichswerk schöpfte, das durch die leichtsinnige Mißregierung der Deákpartei, sowie durch die schweren Lasten und die elementaren Unfälle im Volke genährt, in der Gegenwart zur offenbaren Abneigung, ja zum tiefernsten Groll gegen den Ausgleich sich gesteigert hat, so daß, wenn man die ungarischen Komitate ohne Regierungseinfluß, ohne Bestechung und moralischen Druck ihren eigenen Eingebungen bei den nächsten Reichstagswahlen frei überlassen würde, die überwiegende Mehrheit der Deputirten im nächsten Reichstage das Ausgleichswerk offen angreifen und jede parlamentarische Regierung bekämpfen wird, welche auf den Boden der Ausgleichsverfassung sich stellt und an dieser unerschütterlich festhält. — Somit hat das parlamentarische Regime der Deákpartei den Ausgleich einfach untergraben, statt ihn im Lande volksbeliebt zu machen und die in diesem Ausgleiche Ungarn gewährleisteten großen Freiheiten, seine völlige Unabhängigkeit in allen seinen inneren Angelegenheiten, erscheinen heute dem ungarischen Volke nur als Trug und Täuschung, als eine Komödie, welche dem Lande nur immer größere, unerschwinglichere Lasten auferlegt und alle öffentlichen Verhältnisse in's Unendliche verschlimmert hat.

Das ist die wahre ungeschminkte Sachlage und alles Gegentheil, was die deákistischen Journale magyarischer und deutscher Zunge verbreiten, ist Entstellung der Wahrheit, welche man zu bekennen nicht den Muth hat, weil man die totale Niederlage und das schmähliche Fiasco der gesammten Deákpartei und des von ihr geschaffenen impotenten parlamentarischen Regierungsapparates nicht eingestehen will. Der Ueberdruß und der Ekel an dieser politischen „Misère" ist schon so groß, daß ein absolutistisches Regime in Ungarn heute ohne Groll aufgenommen würde, wenn es nur das Verständniß und die Energie besitzt, gut zu regieren, und die ungarische Nationalität nicht unterdrückt, wie Letzteres das absolutistische Regime „Bach" in seiner Verblendung gethan hat, wodurch es alle seine ausgezeichneten Verdienste um eine geregelte Staatsverwaltung thörichterweise paralysirt, vereitelt und jene ungeheuere Aufregung verschuldet hat, welche im J. 1861 alle österreichischen Einrichtungen wegfegte. Und nicht zu leugnen ist, daß die große Mehrzahl des ungarischen Grundbesitzer-Adels selbst bereits zur Einsicht kömmt, daß in ihren Händen der ungarische Staat in der bisherigen Weise am schnellsten und sichersten zu Grunde geht, und sie wären im Herzen froh, wenn sie noch in der eilften Stunde von der weiteren Verantwortung befreit würden, bevor sie nämlich den „Bankrott" des ungarischen Staates und also ihr schimpfliches Urtheil vor dem Lande und der ganzen Welt selbst aussprechen müssen. — Das Land ist ausgesaugt, Beute läßt sich nicht mehr machen und Verdienst ist noch weniger zu erndten. Also sind sie großentheils dieses parlamentarischen Spieles schon müde und satt geworden und wie nach großen Excessen ist der politische Katzenjammer nach altbewährter magyarischer Weise über sie gekommen. Mit Ernst und Ruhe würden sie schon heute die starke Faust mindestens eine Zeit lang zu ertragen bereit sein, wenn diese Faust ihnen imponirt und ihre Nationalität unangetastet läßt. Was das ungarische Volk selbst anbelangt, so sieht dies heute schon klar, daß ihm von den Herren gar übel mitgespielt worden, denn seine

Lage ist viel schlimmer und drückender geworden, als sie unter dem deutschen Regime (1850—60) war. Das magharische Bauernvolk hat im Herzen einen ernsten Groll und Unmuth gegen seine Herren, die „so schlecht regieren" und am liebsten würde es sehen, wenn des Königs Majestät die Zügel der Regierung endlich einmal selbst in die Hände nehmen und den stolzen Herren seine Gewalt entgegenhalten würde, in ähnlicher Weise wie unter des großen Königs Mathias Corvinus Zeiten, den das Volk nie vergessen kann, weil er es immer geschützt und den Ueberschreitungen der Feudalherren den Damm seiner königlichen Macht entgegengestellt hat. In der That würde das ungarische Bauernvolk frei aufathmen, wenn es hieße: „Der König schließt das Deputirtenhaus mit seiner parlamentarischen Regierung, weil für das Volk nichts Gutes geschaffen wurde." Es ist traurig aber charakteristisch, dies bekennen zu müssen und kennzeichnet am besten die parlamentarische Unreife dieses Landes, die Abneigung der Volksmassen gegen die rücksichtslose Herrschaft des alten Feudaladelbesitzes und kennzeichnet die Lüge und das Gaukelspiel, wenn die durch Bestechung und Verblendung der unwissenden und blind getriebenen Volkswähler in den Besitz von Mandaten gekommenen grundherrlichen Deputirten im Reichstage behaupten: „Das Volk zu vertreten, für sein Wohl zu arbeiten und seine Liebe und sein Vertrauen zu besitzen."

    Difficile est non — satyram scribere.

II.
Die Umkehr.

Die Thatsache steht unzweifelhaft fest, daß Ungarn mit dem bestehenden parlamentarischen Regime und seinen parlamentarischen Parteien nicht weiter zu regieren ist, will man nicht das Land und die magyarische Nation der gänzlichen Vernichtung preisgeben. Die öffentliche Meinung entsetzt sich förmlich vor dem Gedanken, daß dieses verderbliche Experiment bis in seine letzten Folgen fortgesetzt werden könnte. Die Krone — das ist der Wunsch Aller — muß eingreifen und dieser Deroute Einhalt gebieten. Sie muß dies sowohl im eigenen wohlverstandenen Interesse thun, als auch zum Besten des Landes und speciell, um die ungarische Nation vor einer Endkatastrophe zu bewahren. Der wüthende Kampf zwischen der Rechten und der Linken hat schon zu wiederholten Malen die Kroaten, die Sachsen und andere zu Herren der Situation im ungarischen Reichstage gemacht. Kann es einen größern Schimpf für die stolzen Magyaren geben? Aber die Umkehr soll die Gesammtverfassung des Landes definitiv nicht in Frage stellen. — In kritischen Zeiten wurde die Verfassung Ungarns allerdings oft suspendirt, wenn eben mit Hilfe des Verfassungsapparates das Land nicht zu regieren war. — Daß für Ungarn in der Gegenwart das einzige Rettungsmittel die Suspension der gesammten Verfassung und ein temporäres absolutistisches Regime wäre, wollen wir nicht behaupten. Immerhin hat die Krone den Weg offen, um die königliche Gewalt an sich zu ziehen, die dem Monarchen, als dem Nachfolger jener Kaiser, die Ungarn vom Türkenjoche befreiet, von Gesetz und Rechtswegen gebührt. Der Monarch möge diese königliche Regierungsgewalt durch seine ohne alle Rücksicht auf die Parteien im Reichstage freizuwählenden Räthe üben, die Landesvertretung aber für die legislatorischen Functionen in Thätigkeit belassen, ohne der legislativen Gleichberechtigung der Krone, die leider seit sieben Jahren niemals gebraucht wurde, im Mindesten Abbruch zu thun. — Sieht die Nation, und das Land, daß dieses ohnmächtige, zerfahrene parlamentarische Regime und dieser in Parteien zerrissene ohnmächtige Reichstag das Ende seiner verderbnißvollen Laufbahn erreicht hat, und ein unabhängiges königliches Regiment hergestellt ist, welches den Muth und das Verständniß besitzt, das Beste des Landes sogar gegen den Willen der sich gegenseitig bekämpfenden Reichstagsparteien zu wollen und auch durchzuführen, so kann ein solches königliches Regiment der Unterstützung des ganzen Landes sicher sein und auch das Oberhaus wird sich aus seiner jetzigen ohnmächtigen Stellung aufraffen und der königlichen Regierung patriotisch zur Seite stehen. Man täusche sich nicht, die Deákpartei hat definitiv abgewirthschaftet und die linke Partei ist nicht in der Lage die bereute Erbschaft übernehmen zu können.

Wir müssen hier in kurzen Umrissen das politische Programm der linken Partei schildern, deren excessiver Bundesgenosse die „äußerste Linke" ist, welche in „Kossuth" das Ideal ihrer Gesinnungen verehrt. Die gemäßigte Linke, welche bisher immer einen schonungslosen offenen Kampf gegen das Ausgleichswerk mit Oesterreich im Landtage, in den Komitaten und in allen wohlorganisirten linken Klubbs überall im Lande sowie in der Presse führte, hat seit jüngster Zeit, einsehend die Unfruchtbarkeit dieses offenen Kampfes, ihre Taktik geändert und behauptet jetzt, sie wolle ihr Programm nur nach Maßgabe der Umstände und günstigen Verhältnisse allmählig und im gesetzlichen Wege durchführen. Diese „reservatio mentalis" hat ihr jedoch viele Anhänger entzogen, die nun bei der „äußersten vereinigten Linken" das alte Banner der „Unabhängigkeit des Landes" d. i. seine völlige staatliche Losreißung von der gemeinsamen Monarchie hochhalten, während die gemäßigte Linke dieses Banner vorläufig in der Brusttasche verwahrt hält. Durch diese scheinheilige Enthaltsamkeit wird sich aber Niemand, der es ehrlich mit der Monarchie meint, täuschen lassen. Denn die gemäßigte Linke könnte nicht einen Tag lang politisch existiren, sollte sie je im Besitze der Regierungsgewalt ihrem politischen Programm untreu werden. Sie würden sofort als Heuchler, als Verräther und Betrüger von ihren eigenen Gesinnungsgenossen im Stiche gelassen werden, welche mindestens zwei Drittheile der tonangebenden Herren in den magyarischen Komitaten stark sind. Dieses Programm, das sie vollziehen müssen, wenn sie im Besitze der Gewalt sind, ist folgendes:

1. **Die Abschaffung der Delegationen** als des jetzigen constitutionellen Organs für den enggezogenen Kreis der Reichsangelegenheiten. Diese Delegationen hat die linke Partei niemals beschickt und alle Wahlen in die ungarische Delegation immer consequent abgelehnt. Was will nun die Linke an Stelle der Delegationen? Sie leugnet einfach den Bestand solcher „gemeinsamen Angelegenheiten," die aus dem Begriffe und dem Bestande eines „Bundesstaates" sich ergeben und behauptet, daß Ungarn ein ganz unabhängiger Staat sei. Weil aber doch **nach Außen** hin Oesterreich-Ungarn eine **gemeinschaftliche** Vertretung und Vertheidigung der durch einen Monarchen regierten beiden Staatengruppen besitzen muß, wie dies die Linke großmüthig zugesteht, während die „äußerste Linke" auch dieses hartnäckig in Abrede stellt, so soll für solche gemeinschaftliche Angelegenheiten von Fall zu Fall zwischen den beiden Parlamenten in Wien und Pest ein Einverständniß im Wege abgesonderter Verhandlungen im Schooße der beiden Parlamente (!) erzielt werden, wobei der nach dem Programm der „Linken" einzige gemeinsame Minister, d. i. der Minister des Auswärtigen bald in Wien, bald in Pest vor dem Parlamente sich rechtfertigen müßte und beiden Parlamenten verantwortlich wäre (!). Kommt aber kein Einverständniß zwischen den Parlamenten zu Stande, dann hilft sich die liberale Linke mit der abso-

luten Gewalt und dem Entscheidungsrechte des Monarchen. Braucht nun Sr. Majestät zur Vollziehung seiner Ihm vorbehaltenen Entscheidung Geld und Refruten, dann steht es immer dem ungarischen Parlamente frei, das Verlangte zu bewilligen oder — abzulehnen.

2. Als eine Consequenz dieser entschiedenen Negation des Staatsverbandes ist auch die Zerreißung der Reichsarmee in zwei abgesonderte Armeen der beiden Staatengruppen zu betrachten, was die Linke in ihrem Programme als einen Kardinalpunkt fordert. Wohl anerkennt sie das Recht des Monarchen als obersten Kriegsherrn, aber dieser Kriegsherr ist nach ihren Begriffen in Allem und Jedem durch den dem ungarischen Parlamente verantwortlichen „ungarischen Kriegsminister" gebunden, der die gesammte militärische Administration über die ungarischen Kriegstruppen unabhängig zu führen hätte. Die linke Partei bekämpft somit das in der Gegenwart bestehende „gemeinsame österreichisch-ungarische" Kriegsministerium, sie bekämpft die Einheit der Reichsarmee und will das gesammte ungarische Refrutenkontingent in einer „ungarischen nationalen Armee" formirt sehen, welche taktisch wohl verbunden wäre mit den erbländischen Truppen, aber administrativ strenge geschieden von diesen. Man sieht also, daß die übereilte und beklagenswerthe Institution der „Honvédtruppen" die magyarischen Herren keineswegs befriedigt hat. Diese Honvédtruppen — ein Antagonist der gemeinsamen Reichsarmee — fühlen sich als den eigentlichen militärischen Schutz des „ungarischen Staates", als den Repräsentanten der nationalen Militärkraft und des Militärgeistes gegenüber

der sehr unbeliebten „österreichischen Reichsarmee," welche
deutsche Offiziere, deutsches Commando und die für die
Magharen so unsympathische „schwarzgelbe" Reichsfahne hat, —
diese Honvédarmee ist also gleichsam der Keil und eine offene
Wunde in der „Reichsarmee," weil die Soldaten der „ungari=
schen Regimenter" in solcher Lage dem „österreichischen ein=
heitlichen Militärgeiste" immer mehr entfremdet werden und
lieber als „Honvéds" sofort eingereiht werden wollen. Ist es
nicht begreiflich, daß als unmittelbare Folge dieser die Ein=
heit der Armee unterwühlenden kostspieligen und den maghari=
schen staatlichen Hochmuth mächtig unterstützenden Institution
der unabhängigen Honvédtruppen eine solche Reaction im
österreichischen Kriegsministerium sofort an's Tageslicht trat,
welche die ungarischen Regimenter der Reichsarmee nicht länger
„ungarischen Offizieren" anvertrauen will und die Einheit
der Armee mit erhöhter Eifersucht und mit erhöhtem Miß=
trauen gegen ungarische Offiziere zu wahren trachtet? Und
doch ist nichts gefährlicher für den militärischen Geist der
ungarischen Regimenter, als wenn die Offiziere derselben nicht
das volle Vertrauen und die Anhänglichkeit der Mannschaft
besitzen, wenn die Mannschaft ihre Offiziere nicht als ihre
Landsleute, sondern als „Fremde" betrachtet. Auf solche
ungarische Soldaten können deutsche Offiziere sich wenig ver=
lassen in Zeiten der Gefahr und die letzten Kriege Oester=
reichs liefern hiefür zahlreiche traurige Belege. Die öster=
reichische Armee war niemals stärker als in jener Zeit vor
1848, als die verschiedenen Truppen der Armee von solchen
Offizieren befehligt wurden, welche mit der Mannschaft gleich=

sam national verbunden waren und dennoch den einheitlichen österreichischen Militärgeist unerschütterlich wahrten und diesen Geist in den Herzen der Soldaten so verschiedener Zungen als höchstes Heiligthum pflegten. Oesterreich muß im Interesse seiner Armee zu diesem Standpunkt wieder zurückkehren und den Wünschen des Landes hierin nachkommen, dann werden auch die „Honvédtruppen" vom Lande leichter aufgegeben, in einfache „Landwehrbataillone" der ungarischen Regimenter umgewandelt und der gemeinsamen Kriegsverwaltung unterzogen werden. Aber so lange das regierende Haus der Monarchie diese in ihre letzten Atome nicht zertrümmern will, so lange die Völker der Erblande am Reiche noch festhalten, so lange darf und wird nicht die Reichsarmee, dieses letzte Bollwerk der staatlichen Zusammengehörigkeit, zerrissen werden und das Separations-Programm der Linken nicht in Erfüllung gehen. Das gestattet schon die Einheit des Monarchen nicht. Diese Monarchie wäre auch nicht würdig, von den continentalen Staaten als ein internationaler souverainer Staat in Zukunft anerkannt zu werden, würde sie diesen Akt des Selbstmordes durch Spaltung der Reichsarmee in zwei abgesonderte Heere an sich selbst begehen.

Die „Linke" hält aber unerschütterlich fest an diesem Programm und dasselbe ist der fromme Wunsch aller Ungarn, welche einem „unabhängigen ungarischen Staate" nachjagen. Also hat auch die Institution der „Honvédtruppen" die Unersättlichkeit der magyarischen Herren so wenig befriedigt, als die Freiheiten ihnen nicht genügen, welche das Ausgleichsgesetz ihnen gegeben, wodurch sie zu selbstständigen Herren und Ge-

bietern des Landes geworden, das sie so entschieden miß=
regiert haben. Jetzt steht Oesterreich vor der Alternative, daß
Ungarn entweder auf Theilung der Reichsarmee immerfort
drängt, wo es dann die „Honvéds" gern fallen läßt — oder
gelingt ihm d. i. dem herrschenden abligen Grundbesitze dies
nicht, so wird er fort und fort bemüht sein, den Keil der
Honvédtruppen immer tiefer in die Reichsarmee zu stoßen
und die Honvéd zu einer completten nationalen Soldateska
umzugestalten. In keinem Falle kann aber das erschöpfte,
ausgesogene arme Land zwei Armeebudgets, nämlich das öster=
reichische Armee= und das Honvéd=Budget länger zahlen. Das
mögen die genialen Erfinder der „Honvédtruppen" vor dem
Lande und der Monarchie verantworten. Tritt die Zahlungs=
unfähigkeit Ungarns factisch ein, dann wird freilich das Land
die kostspieligen „Honvéds" opfern müssen, die Zerreißung der
Reichsarmee aber wird diese Zahlungsunfähigkeit des Landes
sicher nicht zur Folge haben, weil das gemeinsame Armee=
Budget das erste Erforderniß ist und vor Allem andern
gedeckt werden muß.

Sollte also die „Linke" vielleicht doch zur Regierung
kommen, weil ja in Oesterreich Alles möglich ist,
so kann man sicher sein, daß auch die Einheit der Armee
schon geopfert ist und das regierende Haus selbst, die Mo=
narchie aus freiem Antriebe sie gänzlich aufgegeben hat, an was
wir, trotz alledem was schon geschehen ist, so lange nicht
glauben wollen, bis nicht diese furchtbare Thatsache ohne
Hilfe preußischer und russischer Bataillone, blos in Folge der
bewährten politischen Taktik der ungarischen abligen Grund=

besitzer in Erfüllung gehen wird, welche Oesterreich schon so oft an der Nase herumgeführt, durch Gaukelspiel in's Bockshorn gejagt und geäfft haben, da man in Wien um das Wohl dieses von seinen Aristokraten getretenen Landes sich eigentlich niemals kümmerte, in Deutschland und Europa regieren wollte, nicht die eigene Monarchie zu stärken, zu organisiren und als einen einheitlichen Bundesstaat heranzubilden bemüht war.

3. Will die „Linke" keine wie immer engbegrenzte Gemeinsamkeit in Zoll=, Handels=, Finanz=, Bank und allen andern staats= und volkswirthschaftlichen Angelegenheiten anerkennen, obgleich ja Ungarn schon heute in dieser Beziehung ganz frei und unabhängig ist und nur keine Zollgrenzabsonderung zwischen Oesterreich und Ungarn besteht, was aber unausweichlich wäre sammt allen von Oesterreich drohenden Repressivmaßregeln, wenn die Linke zur Regierung käme.

Aber die linke Partei könnte selbst unter der Voraussetzung der unbedingten Annahme der 1867er Verfassung doch nur „das parlamentarische Regime" fortsetzen. — Aber dies Regime ist eben das Verderben des Landes. Niemals hätte die Deákpartei diese triste Laufbahn geführt und dies erbärmliche Ende ihres politischen Debüts erlebt, wäre die Staatsgewalt seit 1867 in Händen einer, über den Parteien stehenden, von diesen ganz unabhängigen königlichen Regierung gewesen. Die linke Partei würde heute im Besitze der Regierungsgewalt zweifellos dasselbe Schicksal ereilen, denn die Corruption, die Unfähigkeit und die Parteiwuth würde ihr verderbliches Spiel fortsetzen, ganz abgesehen davon, daß ein Regime der „Linken" den offenen oder versteckten Kampf gegen den Ausgleich mit Oesterreich zu Gunsten einer Personal-Union Ungarns mit Oesterreich, d. i. der Auflösung der ohnehin gespaltenen Monarchie eröffnen würde, einen Kampf, welchen das unglückliche Regime der Deákpartei nur zu gut vorbereitet hat, und an welchem mindestens zwei Drittheile der magyarischen Deputirten unter der Regierungsführung eines Tisza und Genossen ungescheut sich betheiligen würden. Das wäre aber in seinen Endfolgen gleichbedeutend mit einem eventuellen Bürgerkriege in Ungarn, mit einer Wiederholung der 1848er Ereignisse, auch wenn die ungarischen Regimenter der gemeinsamen Armee nicht zu den ungarischen Honvéds übertreten würden. Freilich wäre das tragische Ende einer solchen Insurrection leicht vorauszusehen. Aber es kann doch Niemand wollen, daß solche traurige Ereignisse sich wiederholen. — Das Elend Ungarns trifft immer auch Oesterreich und dieses Oesterreich ist heute weniger als im Jahre 1848 in der Lage, eine Empörung Ungarns zu ertragen oder mit Hilfe anderer Großmächte zu bekämpfen. Im schlimmsten Falle einer zweiten „russischen Intervention" würden die russischen Armeen sicher nicht so schnell aus Ungarn nach Hause marschiren, wie im Jahre 1849. Alles, was somit den gegenwärtigen österreichisch-ungarischen Staatsverband, der auf der lockeren Grundlage des Jahres 1867 hin- und herschwankt, noch mehr in Frage stellt und schwächt, würde die bedenklichsten Folgen für Oesterreich, insbesondere aber für Ungarn nach sich ziehen. Ein Regime der Linken wäre in der That ein „Vabanque-Spiel" mit der Existenz Oesterreichs und auch

Ungarns. Im Innern würde der magyarische Chauvinismus, der schon so viel Unheil angerichtet hat, noch mehr Nahrung bekommen und der staatliche Dilettantismus, der die Deákpartei kennzeichnet, würde bei einem linken parlamentarischen Regime nur noch größere Dimensionen annehmen, denn das deutsche Kulturelement ist dieser Linken noch mehr ein Gräuel, die Magyarisirungswuth würde keine Genzen kennen und die liberalen Herren der Linken würden im Besitze der Regierungsgewalt gegenüber den nicht ungarischen Völkern des Landes die russische Regierung in der Verfolgungswuth der polnischen Nation nachzuahmen trachten.

Am Ende erscheint es ganz überflüssig von einer Eventualität des „Regimes der Linken," als eines letzten Experimentes in Ungarn überhaupt zu sprechen, insofern alle Anhaltspunkte dieser Eventualität fehlen; denn die Linke wird niemals die Regierung übernehmen, wenn ihr nicht die Möglichkeit einer Revision des 1867er Ausgleiches in ihrem Sinne im Vorhinein geboten ist, und zweitens wird sich die Linke wohl hüten, die Regierung zu übernehmen, wenn sie den „Staatsbankerott" vor Augen hat. — Vor der Regelung der Staatsfinanzen ist also an einen Parteiregierungswechsel füglich nicht zu denken; aber ebensowenig ist Aussicht für eine Parteifusion zum Zwecke der Regelung der ungarischen Finanzen. Allerdings wird viel von „Patriotismus" in Ungarn gesprochen und jede Partei usurpirt selben als ihr Monopol. Allen Parteien ist aber der Patriotismus doch nur eine Maske, um ihre Parteizwecke zu erreichen, mag darüber auch das Vaterland zu Grunde gehen. Experientia docet. Die Rechte

und die Linke hat durch sieben Jahre bewiesen, daß sie für
das „salus reipublicae suprema lex" gar wenig Sinn,
Verständniß und Herz haben. Ihre Thaten und Unterlassungen sind ein schreiender Protest gegen das Wohl des Vaterlandes, welches diese übermüthigen egoistischen Herren ohne
echten Bürgersinn nur als Aschenbrödel für ihre Parteizwecke
betrachten. Dieses Urtheil mag hart erscheinen, aber es ist
leider gerechtfertigt. — Die Regelung der Finanzen fällt also
der Deákpartei anheim, welche das Unheil in erster Reihe
angerichtet hat und man kann gewiß sein, daß die anderen
Parteien sie nicht unterstützen werden, sobald dadurch die
Deákpartei zu neuem Leben erwachen könnte. **Lieber ein
ungarischer Absolutismus, als eine längere Regierungsherrschaft der Deákpartei**, das ist so ziemlich das Losungswort bei der großen Mehrzahl der Magyaren
im Lande. Sehr zweifelhaft ist es somit, ob die jetzige ungarische Parteiregierung, wenn sie überhaupt bis Beginn der
Debatten über die „Finanzregelung" noch besteht, dieselbe im
Reichstage auch durchführen wird, weil eben Niemand Vertrauen in die Lebensfähigkeit dieser Partei hat und weil das
überbürdete, ausgesogene Land nicht im Stande wäre, neue,
große Lasten zu ertragen, welche die Deákpartei ihm aufbürden
müßte, will sie das enorme Deficit durch erhöhte Steuern
decken. Die Reduction in den inneren Regierungsauslagen
beträgt — geht man bis zu den äußersten Grenzen — keine
zehn Millionen. An den übrigen Auslagen, welche Verpflichtungen des Landes gegenüber seinen Gläubigern und Oesterreich sind, kann füglich nicht gerüttelt werden und die Ab=

schaffung der Honvéds und Umgestaltung der Landwehr nach preußischem Muster, was allerdings eine Ersparung von mehreren Millionen beträgt, gestattet selbst die Deákpartei, trotz allen Loyalitätsversicherungen, nicht. Nun aber beträgt das jährliche Deficit mit den Zinsen der letzten Anleihe von 153 Millionen über 50 Millionen. Die Deákpartei wird also wahrscheinlich demnächst bei dem Versuche der Finanzregulirung vom politischen Schauplatz ruhmlos abtreten und dann ist der Moment da, wo die Krone dem grausamen parlamentarischen Spiel der magyarischen Herren ein Ende machen muß. Wahrlich das Loos der Krone ist nicht zu beneiden! Sie soll dieses arme, geistig und materiell zerrüttete Land, diese durch das sündige Spiel eines siebenjährigen Parlamentarismus decomponirte, demoralisirte und in Tod erschöpfte ungarische Nation, mit den ergrimmten nicht ungarischen Völkern, mit Hilfe constitutioneller (!) Mittel wieder aufrichten, trotzdem diese Nation bis „zum Ekel" den Widerwillen gegen das bisherige Verfassungsleben laut manifestirt. Sie soll die Finanzen regeln ohne die Verpflichtungen Ungarns, als Schuldners, zu verletzen und ohne neue uneinbringliche Steuern dem verarmten Lande aufzulegen. — Sie soll die rasende und sinnlose Parteiwuth bändigen, welche das Land politisch zerstört hat; sie soll die Nationen befriedigen, welche ihr Nationalitätsgefühl gegen die magyarische Herrschaft aufgestachelt hat und insbesondere soll sie das Chaos der Administration und der Justiz beseitigen, welches im Lande herrscht, das weder positive Gesetze, noch taugliche Verwaltungsorgane besitzt und seit 13 Jahren die Sicherheit der Person und des Vermögens in

Frage stellt. Das Alles ist eine so riesige und höchst schwierige Aufgabe, wie sie dem regierenden Herrscherhause in Ungarn auch nicht im Jahre 1849 zugefallen war. Aber war es nicht die Krone selbst, welche bereitwillig auf Drängen von Deák und seiner Genossen dies unheilvolle parlamentarische Regierungsspiel inaugurirt hat? Noch niemals hat ein Irrthum, welcher aus dem edelsten und erhabensten Gefühle des ritterlichen Monarchen entsprungen ist, so bitter sich gerächt, wie dieser ungarisch-österreichische Ausgleich mit seinen zerstörenden Consequenzen. Möchte dies eine traurige und unvergeßliche Lehre bleiben für Ungarn und seine erlauchten Könige, welche beweist, daß dieses Land noch lange Zeit hindurch nicht zu regieren ist, wenn der König die Regierungsgewalt aus den Händen giebt und als willkommene Baute parlamentarischen, zügellosen Parteien hinwirft, die kraft ihrer Elemente das Land nicht beglücken, sondern nur beschädigen. Der ungarische adlige Grundbesitz ist regierungsunfähig: diese Wahrheit ist bis zur Evidenz seit 1867 wieder erwiesen, was übrigens schon frühere Jahrhunderte sattsam gelehrt. Wann wird man in Wien diese Lehre beherzigen, die man seit 300 Jahren zum Schaden des Landes leider immer unbeachtet ließ? Oder glaubt man durch eine Wiederkehr zum alt-conservativen Regime mittelst Grafen und Baronen dies unglückliche Land aus seinem Elend befreien zu können? Ist das unglückselige Octoberdiplom nicht das Werk dieser Altconservativen? Und was haben diese Altconservativen seit 1867 überhaupt gethan? Waren sie nicht beinahe alle — Mamelucken des „parlamentarischen Regimes," das sie für ihre

Sonderinteressen, oft auch zur Befriedigung gewöhnlicher Habsucht benützt? Die ungarischen Magnaten — das ist zweifellos — sind vollkommen unfähig, eine moderne, gebildete und stramme Regierung in Ungarn einzurichten, denn Ungarn muß unter allen Bedingungen mit dem modernen Zeitgeiste fortschreiten, soll es nicht in Barbarei verfallen. Die Altconservativen begreifen nicht die moderne Regierungsweise, sie sind auch intellectuell ungeeignet und administrativ im Sinne eines geordneten Staates ungebildet, davon ist Jedermann und auch sie selbst wohl überzeugt. Der größte Fehler der Krone wäre es somit, dem Magnatenstande die Regierungsgewalt in Ungarn anzuvertrauen, um in dieser Weise der „ungarischen Nation" zu schmeicheln. — Aber das ungarische Volk läßt sich durch solche Mittel nicht täuschen. — Was die ungarische Nation in ihrer Mehrheit, d. i. das ungarische Volk und alle übrigen Völker Ungarns brauchen, ist nicht ein ungarisches altconservatives Regime durch Grafen und Ultramontane, sondern ein energisches, ehrliches, fähiges und liberales Regime durch solche erleuchtete Räthe und Beamte der Krone, welche gar keiner Partei, keiner Clique angehören, welche nur durch eigenes Verdienst im Amte sind, welche den Zeitgeist verstehen und überhaupt das Gegentheil von der Mehrzahl der — jetzigen ungarischen Beamten sind. Freilich reicht dazu das ungarische Element überhaupt nicht aus, trotz den zahllosen ungarischen Amtsbewerbern. Da muß man also einfach auch zu anderen Elementen greifen, wie dies schon oft die Könige des Landes gethan, welche mit Ausländern gut regiert haben. Am Ende gehört Ungarn allen seinen Völkern an und darf nicht länger als eine Domäne des ungarischen adligen Grundbesitzerstandes angesehen werden, welcher seine Kinder immerfort systematisch dem Bürgerstande entzieht. Man muß dieser ungarischen Feudalregierung ein kategorisches Ende bereiten, denn es gibt kein anderes Mittel, um das Land in geordnete Zustände zu bringen. Darunter ist insbesondere auch jenes Komitatspatrizierthum zu verstehen, welches jedes Komitat als ein Hausgut der herrschenden Familien im Komitate ausbeutet und mißregiert. Der vordem feudale Grundbesitz soll nicht länger den unwissenden Bauernstand an der Nase herumführen, als williges Werkzeug zu seinen egoistischen Zwecken ausbeuten und demoralisiren dürfen. Man muß endlich einmal den Bürger= und Handelsstand pflegen, schützen und seine Selbstständigkeit energisch wecken, den Stand, der gegenwärtig durch die adligen Grundbesitzer ganz in den politischen Hintergrund gedrängt ist. Gibt es doch keine zehn Deputirte im Reichstage aus dem Bürger= und Handelsstande unter den 440 Vertretern des Landes. Und doch ist nur der Mittelstand in allen Kulturländern zu einer „parlamentarischen" Regierung berufen, wo er kraft seiner praktischen Intelligenz und seines Vermögens dazu geeignet ist. Das unerhörte Schauspiel, d. i. die Komödie einer „parlamentarischen" Grundbesitzerregierung in einer Monarchie mußte eben Ungarn der Welt bieten, um sich damit — eine furchtbare Blöße zu geben. — Kaiser Josef wollte Ungarn aus den vernichtenden Banden dieser übermüthigen und indolenten Feudalherren befreien; aber seine Germanisirungspolitik mußte ebenso Schiffbruch leiden, wie das absolutistische Regime von 1850—60 an der

Germanisirungsmanie gescheitert ist. Will man in Wien auch diese Lehre niemals beherzigen? Das Verhängniß des Landes und die Sünden seiner jüngsten Machthaber haben das Schicksal des gelähmten Landes wieder in die Hände des Regierungshauses in einem Momente gelegt, wo der Bestand der Monarchie selbst im Falle weiterer Dissolutionen nur noch eine Frage der Zeit werden müßte. Neue Fehler würden von den unabsehbarsten Folgen begleitet sein. Die Krone hat eine doppelte Aufgabe in Ungarn zu erfüllen. Sie muß erstens der in ihren Grundlagen erschütterten Monarchie wieder jene sichere Stütze zu geben trachten, welche seit 300 Jahren Ungarn mit Oesterreich zu einer Monarchie fest verband und untrennbar zu einem Gesammtstaate verknüpfte. Der Lostrennungsgeist von Kossuth, der in den 1848er Gesetz-Artikeln klar ausgesprochen ist und welchen der Ausgleich von 1867 im Lande wieder entzündet hat, muß endlich gebannt werden. Dies Ziel kann die Krone Angesichts der durch den Ausgleich entfesselten chauvinistischen magyarischen Leidenschaften nur durch ein königliches unabhängiges Regime erreichen, welches mit Macht und Energie die tolle Parteiwuth im Lande bändigt und diese „souveränen Staatsgelüste" ernüchtert, welche das Land mit dem Größenwahnsinn an den Rand des Abgrundes gebracht haben. Der österreichisch-ungarische Dualismus muß modificirt werden, soll die Monarchie wieder ihre richtige Grundlage erhalten. Das unwürdige Schauspiel von zwei Delegationen, welche im Falle eines Widerspruches in gemeinsamer Sitzung stumm abstimmen, diese den constitutionellen Geist und die staatliche Bundesidee höhnende Komödie muß zur Ehre der Monarchie abgeschafft und für den Fall, daß trotz der gemeinsamen Berathung die Collision zwischen den Delegationen anhält (wie dies schon einige Mal geschah), muß der Monarch in der Sache nach eigenem Ermessen entscheiden. Das wäre die erste unbedingt nothwendige Modification dieser zweiköpfigen Institution, welche in ihrer Paritäts=Existenz überhaupt nicht länger fortbestehen könnte, sofern Ungarn in die Lage käme, seinen Zahlungsverbindlichkeiten für die gemeinsamen Angelegenheiten nicht weiter nachkommen zu können; denn diese staatliche Parität, eine directe Verleugnung des seit 300 Jahren bestandenen österreichischen Gesammtbundes=staates, ist wohl von der Erfüllung der Pflichten durch den Paritätsstaat bedingt und hört naturgemäß auf, wenn diese Pflichten nicht mehr geleistet werden könnten. Ungarn ist übrigens selbst der Delegationsinstitution schon derart über=drüssig geworden, daß ein künftiger ungarischer Landtag, dem eine Achtung gebietende, königliche unabhängige Regierung gegen=übersteht, in die Modificirung dieser Zwei=Delegationen=In=stitution ohne Schwierigkeit einwilligen würde, wenn nur die Regierung des Königs bezüglich der gemeinsamen Angelegen=heiten dem ungarischen Landtage die nöthigen Aufklärungen geben und im Falle von Geldausgaben (Anlehen), wie in den Zeiten vor 1848 an den Landtag sich wenden würde. In der That kann die Regierung ein und desselben Monarchen in einem Gesammtstaate in Bezug der gemeinsamen Angelegen=heiten durch zwei sich oft widersprechende Delegationen nicht länger gelähmt und müssen diese Reichssachen einer einheit=lichen österreichisch=ungarischen Regierung Sr. Majestät über=

antwortet werden. — Daß bezüglich dieser „gemeinsamen" Reichssachen ein parlamentarisches Regime bei dem Bestande zweier Delegationen überhaupt eine Unmöglichkeit ist, diese Erfahrung hat wohl Oesterreich und Ungarn seit 7 Jahren schon gewonnen und sträubt sich Ungarn überhaupt einen gemeinsamen parlamentarischen Bundesrath für Oesterreich und Ungarn zu schaffen, nun so bleibt eben nichts Anderes übrig, als die Bundesangelegenheiten der Regierung des Monarchen in der Weise zu überlassen, daß den Reichsvertretungen in Wien und Pest durch einen **gemeinsamen** einheitlichen Ausschuß von Fall zu Fall eine constitutionelle Controlle vorbehalten bleibe. Natürlich wäre dies eine Consequenz der nothwendigen Verfassungs=Revision, deren Zweck es wäre, eine starke Centralregierung herzustellen und die jetzige irrthümliche Organisirung der Monarchie den Erfordernissen eines Bundesstaates zu accommodiren. Die Hauptaufgabe der künftigen königlichen Regierung in Ungarn besteht jedenfalls darin, daß sie im Inneren des Landes Ruhe und Ordnung herstelle und das erschöpfte Land wieder aufrichte. Das kann sie nur thun, wenn das ungarische Parlament **von Grund aus** umgestaltet, vor Allem eine praktische Geschäftsordnung (mit Cloture) für das Haus bestimmt und also die gegenwärtige unfähige Vertretung, die nichts Ordentliches leisten kann und leisten will, beseitigt, aber auch ein solches Wahlgesetz geschaffen wird, wodurch die Herrschaft des adligen Grundbesitzes endlich aufhört. — Das kann nur durch eine **Interessenvertretung** und durch **indirecte Wahlen** erreicht werden, will man nicht das „**Suffrage universel**" einführen, vor dem dem feudalen Grundbesitze mit Recht so angst und bange ist, weil dies **Suffrage universel** ihm summarisch an den Leib gehen würde. Bezüglich des Wahlrechtes muß sich Ungarn die österreichischen Erbländer zum Muster nehmen. Es hilft nichts, die Interessenvertretung ist das einzige Mittel, um die Alleinherrschaft des Grundbesitzes zu brechen. Nur so kann das Bürgerthum, der Handelsstand und selbst der intelligente und conservative Theil des Bauernstandes in gehöriger Zahl zur Vertretung kommen, nur so werden auch die nicht ungarischen Volksstämme eine gerechte Vertretung erlangen, nur so kann endlich jene chauvinistisch-magyarische Strömung unterdrückt werden, welche vom nationalen Hochmuth erfaßt, ewig und immer von einem phantastischen und souveränen ungarischen Staate träumt, eine mindestens sehr verfrühte und so lange Oesterreich besteht, auch ganz unberechtigte Idee, weil alle intellectuellen und materiellen Mittel zu einem unabhängigen Staat in Ungarn fehlen, der in der Wirklichkeit nichts Anderes bedeutet, als die Alleinherrschaft eines materiell halb zu Grunde gerichteten, ungebildeten, egoistischen und in Parteikämpfen sich zerfleischenden Grundbesitzes, der von tausendjähriger feudaler Herrschaftsmanie getrieben, heute als Maske den Patriotismus eines souveränen Staates vorhält und also das unwissende Volk äfft, welches indeß schon gründlich enttäuscht ist. Wir wollen nicht von einer politischen Decomponirung Ungarns sprechen, wo die einzelnen Volksstämme abgesonderte politische Institutionen besitzen, wenngleich die ungarische Nation dazu Anlaß geboten und ihr Recht auf politische Alleinherrschaft in Folge ihrer

Thaten ganz und gar verwirkt hat. — Was wir meinen, ist nur die Aufhebung der zügellosen und unfähigen Herrschaft einer Minorität, welche durch die herrschenden abligen Familien regiert, die Komitats- und Reichstagswahlen leitet, alle Staatsgewalten' in sich absorbirt und damit zum Verderben des Landes entsetzlichen Mißbrauch getrieben hat. Auch das erhabene Princip der gesetzlichen Gleichberechtigung der Nationalitäten muß in Ungarn doch einmal zur Geltung kommen. Früher wird in die Gemüther nicht Ruhe und Ordnung einkehren in diesem an ewigen Kämpfen und Regierungskrisen hinsiechenden, bedauernswerthen Lande und der abscheuliche Haß zwischen den Nationalitäten wird früher nicht aufhören. Es muß bei allen Volksstämmen das Bürgerthum und die Industrie gehoben werden, als deren Antagonisten und Verächter sich die magyarischen Grundbesitzer bewährt haben. Der Geist der Versöhnung der verschiedenen Volksstämme wird nie früher an Stelle des jetzigen latenten Bürgerkrieges zwischen Magyaren und Nicht-Magyaren Wurzel fassen, bis nicht der die nicht-magyarischen Völker unterdrückende Grundbesitz seine absolute Herrschaft mit den andern Völkern und Ständen theilen muß. Damit der österreichische Staatsverband eine moralische Stütze erhalte, muß die Anhänglichkeit und die Hingebung für die Gesammtmonarchie im magyarischen Volke selbst geweckt werden, was unmöglich ist, so lange der magyarische Grundbesitz überall allein herrscht und das Land regiert. Und doch war die Anhänglichkeit für Kaiser und Reich seit Jahrhunderten mindestens in den nicht-ungarischen Völkern Ungarns vorhanden. War es klug, diesen österreich-freundlichen Geist durch den Ausgleich vom Jahre 1867 in seinen Wurzeln anzugreifen und zu lähmen? Wo lebt der Geist von Maria Theresia und jenen ersten Regenten, welche diese große Monarchie immer festgehalten und ihre Einheit gefördert haben? Wird dieser Geist in der eilften Stunde dieser Monarchie zum Heile derselben wieder erwachen, nachdem das souveräne Regime Ungarns nunmehr seinem selbstverschuldeten Ende entgegeneilt? Sr. Majestät der König des Landes steht in der That vor einer schweren Alternative. Er soll das Land und die Nation aus den Händen jener Classe retten, die es zu Grunde gerichtet, und kann dies nicht mit den bisherigen parlamentarischen Mitteln thun. Der Monarch ist genöthigt, eine w a h r e Volksvertretung sich zu schaffen, die zu solchen Gesetzen bereit ist, welche vor einer Wiederkehr der bisherigen unseligen Herrschaft das Land schützen. Und doch ist der Grundadel noch immer allmächtig in Ungarn. Der Monarch soll die Urheber und Stützen des parlamentarischen Regimes fallen lassen, obgleich diese Ihn zum Ausgleiche im Jahre 1867 bewogen. Er soll dem Lande kund geben, daß jene Partei, welcher Er die Regierung des Landes unbedingt anvertraut hat, Ihn getäuscht und das Land schwer geschädigt hat, daß das ganze ungarische Parlament das Vertrauen, die Achtung und Liebe des Monarchen sowie des ganzen Landes eingebüßt hat und eine andere Vertretung aus anderen Elementen und mit anderen politischen Gesinnungen geschaffen werden muß; und diese ganze politische Umkehr soll unter constitutionellen Formen geschehen. Sr. Majestät wird nach so traurigen Erfahrungen gezwungen sein, die königliche Gewalt in der Legislative sowohl wie in der ganzen Executive in Zukunft unabhängig von jeder Landtagspartei nach bestem königlichen Wissen und Gewissen selbst zu üben, weil das parlamentarische Regime Ungarns gewissermaßen nur eine Usurpation, eine Entlehnung der Königsgewalt war, die der Landesfürst stillschweigend geduldet, weil Er in seiner erhabenen Gesinnung gehofft, daß diese in der Geschichte Ungarns unerhörte Resignation eines gekrönten Königs auf seine königlichen Rechte dem Lande zum Heil und Wohl gereichen werde. In dieser Weise bietet die Krone der ungarischen Nation das letzte Mittel, um ihre staatliche und nationale Existenz zu retten und aus dem tödtlichen Labyrinthe herauszukommen, in das sie durch übermüthige Ideologen und gewissenlose Staatsmänner hineingerathen ist. Allerdings muß die ungarische Nation mit großer Selbstverleugnung hinfort auf alle hochfliegenden Pläne Verzicht leisten. Aber zu hoffen ist, daß diese durch so viel Leiden und bittere Enttäuschungen schwergeprüfte Nation das größtentheils selbst verschuldete Schicksal durch Einsicht und Mäßigung ertragen, und zur politischen Bescheidenheit, zur Sparsamkeit und zur Gerechtigkeit gegen die Mitvölker zurückkehren wird. — So wie im Jahre 1849 nach glänzenden Siegen die Nation dennoch überwunden wurde, aber selbst in ihrer Niederlage den Ruhm tapferer Vertheidigung sich rettete, ebenso muß die Nation jetzt die unauslöschliche Schmach, sich selbst politisch gemordet zu haben, dadurch von sich abwenden, daß sie freiwillig umkehrt, richtige politische Bahnen einschlägt und dadurch ihre sehr zahlreichen Feinde Lügen straft, welche behaupten, die magyarische Nation sei nur mit absoluter königlicher Gewalt zu regieren, da sie sogar für legislative Functionen untauglich sei. Wir meinen, es sei die **letzte** Schicksalsprobe für diese unglückliche Nation herangebrochen. Kann sie auch diese nicht bestehen, so ist sie trotz aller pomphaften Phrasen ihrer Chauvinisten und politischen Charlatane gerichtet. — Schon zeigt die Volkswirthschaft unseres Landes einen Abgrund, dem es mit rasender Schnelligkeit entgegeneilt. Unsere Capitalsarmuth spottet jeder Beschreibung und unsere industrielle Lethargie und Unwissenheit ist eine mahomedanische. Wenn Ungarn so wie jetzt vermöge seiner erbärmlichen Zustände noch weiter von der ausländischen Industrie und Capital gemieden wird, so muß die volkswirthschaftliche Katastrophe unausweichlich bald eintreten, sowie die staatliche Finanzderoute bereits vorhanden ist. Unsere Handelsbilanz weist ein jährliches enormes Deficit auf, welches kein Land auf die Dauer zu ertragen vermag. Die tolle Idee, sich abzuschließen und mit Schutzzöllen zu schützen, wird uns weder Capital noch Intelligenz zuführen; wir aber haben beides nicht. Wozu würden die Schutzzölle uns auch nützen? Die reichen Quellen des Landes aufzuschließen vermögen wir aus eigenen Kräften absolut nicht. Aber das Ausland wird uns ewig ferne bleiben, solange wir nicht geordnete, gesittete und rechtliche Zustände im Lande schaffen und diesen abgeschmackten Chauvinismus, der insbesondere gegenüber dem deutschen Kulturelement als nationaler Haß sich breit macht, gründlich ablegen. Die ungarische Nation ist verloren, wenn sie nicht an der Spitze der Kultur im Lande schreitet. Das kann sie nur dann, wenn sie im Ganzen und Großen der deutschen Kultur, von der sie ohnehin überfluthet wird, sympathisch sich anschließt.

Daß die Ungarn das nicht thun wollen, ist die Ursache, daß die übrigen Völker Ungarns die magharische Kulturmission leugnen und der Magharisirung energisch widerstehen, weil nur die überlegene Kultur tiefer stehende Völker zu assimiliren vermag. Ist die ungarische Nation nicht schon heute „über Hals und Kopf" verschuldet, und sind nicht die zahllosen Millionen, welche ihre parlamentarischen Machthaber vergeudet und theilweise defraudirt, ein Darlehen, ein Eigenthum des Auslandes? Beinahe die sämmtlichen Staatseinkünfte des Landes müssen als Tribut außer Land gehen, während der größte Theil des Privateinkommens für Fabrikate dem Auslande gehört. Wird die Nation trotz ihrer Ohnmacht an der fixen Idee, einen unabhängigen ungarischen Staat mit parlamentarischem Regime bilden zu wollen, auch ferner festhalten, nachdem das Experiment damit sie bereits zu Grunde gerichtet hat? Einem solchen Staate, wie diese ungarischen Machthaber in der kurzen Zeit ihrer parlamentarischen Ungebundenheit aufgestellt, wird kein Staatsmann der Welt die Existenzberechtigung zuerkennen, weil er die Elemente seines Zerfalles in sich trägt. Ungarn kann aus seiner unglücklichen Lage nur dann befreit werden, wenn das ausländische Capital und die Industrie sich für das Land interessirt und zu fruchtbringenden Unternehmungen es benützt. Das kann nicht geschehen, insolange die bisherigen Regierungselemente, die ungarische Mißregierung, der nationale Hochmuth und Eigendünkel fortwirken und die politischen Krisen andauern. Die künftige Regierung des Königs kann nur in diesem Sinne thätig sein und muß sich eine von solchen Intentionen beseelte

Legislative schaffen, widrigens kein Heil von keinem wie immer
gearteten ungarischen constitutionellen Leben zu erwarten ist.
Dann müßte in der That nur ein aufgeklärter fremder Abso=
lutismus mit eiserner Strenge eine Stätte der Kultur, der
Civilisation und des strengen Rechtes im Lande zu schaffen
trachten, so paradox dieser Satz auch erscheinen mag. Der
Monarch begeht keinen Verfassungsbruch, wenn er von den
Rechten der königlichen Gewalt wieder Besitz ergreift. Haben
doch die 1848er und auch die 1867er Gesetze die königlichen
Regierungsrechte als Eigenthum der Person des Königs nicht
abgeschafft. Indem Se. Majestät feierlichst geschworen hat,
für das Wohl des Landes zu regieren, ist Er kraft Seines
Regierungseides und Seiner Regentenpflichten Angesichts des
Elendes im Lande auch berufen, die Nation in solche Bahnen
zu leiten, ohne welche die Aufgaben eines Rechtsstaates und
das Wohl des Landes unmöglich gelöst und die Zahlungs=
verbindlichkeiten des Landes nicht eingehalten werden können.
Jedweder Landtag, welcher solchen königlichen Intentionen
entgegentritt, entsagt selbst dem Verfassungsrechte und zwingt
den souverainen König zum absoluten Regime, solange als
eine gewissenlose, politisch mächtige Klique in Ungarn ihre
speciellen Interessen dem Gesammtwohle unterzuordnen sich
weigert. Hoffentlich wird es dazu nicht kommen. Eine poli=
tische unabhängige Staatsmission hat Ungarn ohnehin nicht
zu erwarten. Kein vernünftiger Staatsmann hat je daran
geglaubt. Die Magyaren haben nur noch den einen ange=
deuteten Weg offen, mittelst dessen sie die Nationalität und eine
berechtigte politische Autonomie sich unter allen Umständen

retten können. Das Schicksal Oesterreichs liegt natürlich in den Händen der Vorsehung. Ist Oesterreich unfähig, sich aus eigenen Kräften zu erhalten, so wird es um so schneller seiner Auflösung, aber auch Ungarn seiner sicheren Vernichtung entgegeneilen, denn dann werden die Magyaren im slavischen Völkerkoloß erbarmungslos untergehen. Schließen sich jedoch die Völker Oesterreich-Ungarns fest zusammen, um dieses Reich als gemeinsame Kulturstätte sich zu erhalten, so hat die Monarchie noch eine große Mission in Europa zu erfüllen. Der politische Separatismus des magyarischen Adels und sein Haß gegen ein einheitliches starkes Oesterreich hat dieser alt-ehrwürdigen Monarchie von jeher zahllose Wunden geschlagen; aber niemals hat man die Zweitheilung der Monarchie gesetzlich sanctionirt, wie dies im J. 1867 geschehen. Die politische Nemesis hat die magyarische Nation für ihre Unbesonnenheit und ihren Eigendünkel schwer gezüchtigt und ihre staatliche Unabhängigkeit zur brennenden Geißel ihr umgestaltet. In Folge dieses Ausgleiches müssen auch die österreichischen Erblande noch heute die politische Absentirung des reichen böhmischen Kulturvolkes beklagen, dessen politische Zähigkeit und Charakterfestigkeit mindestens Achtung einflößen muß, obgleich ihre Fundamentalartikel mit dem Bestande Oesterreichs unvereinbar sind. Wenn aber die ungarische Nation in Zukunft an Oesterreich als treues Bundesglied sich willig anschließt und von ihren souverainen Sonderstaatsgelüsten gründlich geheilt sein wird, dann wird wohl auch das böhmische Volk, das immer treu zu Oesterreich gehalten, auf seine Fundamentalartikel zu Gunsten eines besser organisirten Bundesstaates mit hinreichender Landesautonomie Verzicht leisten. Das ist unser fester Glaube, weil diese böhmische Wunde im Körper der Monarchie zugleich mit der Umkehr in Ungarn und der Kräftigung der Monarchie geheilt werden muß. Die Existenz eines Gesammtstaates ist die höchste Pflicht und das höchste Interesse und die constitutionellen Formen müssen sich diesem Gebote überall unbedingt unterwerfen. Der Hüter dieses höchsten Gebotes in einer Monarchie so verschiedener Völker ist unzweifelhaft der Monarch, der die Pflicht und das Recht in sich vereinigt, für den Bestand des Gesammtstaates mit seiner souverainen Gewalt, gegenüber den widerstreitenden Völkern, einzutreten, insoweit die constitutionellen Formen den Dienst versagen und in ihrer Wirkung die Existenz der Monarchie selbst angreifen. Die Nordstaaten Amerikas haben Ströme von Blut und Milliarden geopfert, um die Südstaaten den Forderungen des Bundesstaates zu unterwerfen, während in Oesterreich die alte einheitliche Bundesmonarchie ohne alle zwingende Nothwendigkeit zum Paritätsstaate umgewandelt und die Secessionsfluth dies- und jenseits der Leitha geöffnet wurde. Jetzt liegen die verheerenden Wirkungen dieser Decomposition klar am Tage und die Monarchie muß durch auswärtige Allianzen sich schützen, weil ihre innere Lebenskraft gespalten, gelähmt und die Anhänglichkeit für die Monarchie in den eigenen Völkern untergraben ist. Doch die politische Vorsehung beschützt dieses Reich augenfällig, indem es auch jetzt die Zweispaltung der Monarchie schwer gerächt und dadurch diese zur Umkehr nöthigt. — Möchte der durchlauchtigste Monarch die Stimme der Vorsehung hören und das Erbe seiner Ahnen wieder in die rechte Bahn leiten, wozu Ihm alle treuen Völker der Monarchie und auch die schwergeprüfte, ernüchterte ungarische Nation, gewiß hilfreiche Hand bieten werden.

III.
Schlußwort.

Es ist zu hoffen, daß, abgerechnet die im ungarischen Großmachts- und nationalen Eigendünkel befangene magyarische Presse, welche immer unermüdlich mit geholfen hat, um das Land in den Sumpf des Verderbens zu jagen, kein Theil der österreichischen Presse die Augen vor der großen Gefahr länger verschließen wird, welcher die Monarchie in Folge des ungarischen Ausgleiches und seiner traurigen Erfolge entgegengeht. Das deutsch-slavische Oesterreich muß mithelfen, das brandige ungarische Staatsglied zu heilen, bevor die Krankheit den ganzen österreichischen Staatskörper ergreift. Die Rettung der Monarchie ist das höchste Gebot und insbesondere das deutsche Volk Oesterreichs möge nicht zögern, um Angesichts dieser Situation seine Pflichten zu erfüllen. Von der richtigen Erkenntniß und der Erfüllung seiner staatlichen Pflichten in dieser kritischen Lage der Monarchie hängt die Stellung ab, welche das deutsche Volk hinfort sowie bisher im Reiche einnehmen wird. Der Buchstabe der Verfassung allein kann Oesterreich nicht retten. Der bisherige Kampf im Innern

Oesterreichs muß aufhören und alle Völker der österreichischen Staatshälfte müssen sich vereinigen, um Angesichts der ungarischen Deroute die Monarchie und die constitutionellen Rechte zu wahren, und dem Absolutismus als der ultima ratio der Monarchie vorzubeugen. Wenn diese erbländischen Völker geeinigt dastehen, um der Monarchie und dem constitutionellen Leben eine feste Grundlage zu erhalten, so werden sich auch die Völker Ungarns, mit Ausnahme einer unverbesserlichen magyarischen Reaction, sofort an Oesterreich anschließen. Das sogenannte parlamentarische Regime Oesterreichs hat überdies andere Erfolge aufzuweisen als in Ungarn. Es hat Ordnung und Sparsamkeit in die vordem zerrütteten Finanzen Oesterreichs eingeführt und zahlreiche heilsame Reformgesetze geschaffen. In der That wäre es nicht zu begreifen, wollte man das constitutionelle Leben Oesterreichs angreifen, weil man in Ungarn nothgedrungen ist, zum persönlichen königlichen Regime zurückzukehren. Der Parlamentarismus Oesterreichs verdient wahrlich nicht die gleiche Niederlage mit Ungarn, hat doch der erstere in seiner Anwendung als praktisch heilsam sich erwiesen. Man darf nicht vergessen, daß das Ministerium und der Reichsrath in Wien und Pest himmelweit von einander abstehen und mit einander gar wenig gemein haben. Es wäre eine Verleumdung, zu behaupten, daß der österreichische Reichstag die Achtung und das Vertrauen der ihn beschickenden Völker eingebüßt hätte, wie man dies mit Fug und Recht von dem ungarischen Reichstage behaupten kann. Mit Ausnahme der czechischen Opposition und einer polnischen Fraction, die ewig und immer opponiren wird, kann der österreichische

Reichsrath auf das Vertrauen der Bevölkerung rechnen und an dem Tage, wo der böhmische Widerstand verschwindet, schaaren sich alle Völker um das Organ ihrer constitutionellen Gesammtvertretung. Vom österreichischen Ministerium kann man ferner nicht sagen, daß es ein williges Werkzeug und ein die monarchischen Rechte compromittirender Schleppträger der Velleitäten einer parlamentarischen corrumpirten Majorität war und ist, und jedenfalls nimmt es nicht Theil an dem kläglichen Schauspiel des die königliche Majestät compromittirenden Servilismus, welchen von jeher das ungarische Ministerium im Parlamente zur Schau trug. In Oesterreich hat immer die Regierung das Parlament geleitet und in Allem eine energische Initiative bewiesen, die executive Gewalt des Monarchen intact gewahrt und in der Legislative die Selbstständigkeit der Krone an den Tag gelegt. Man kann also nicht sagen, daß in Oesterreich trotz des scheinbar parlamentarischen Ministeriums die Regierungsrechte des Monarchen von einer habgierigen parlamentarischen Majorität confiscirt und zu egoistischen Parteizwecken ausgebeutet worden wären, wie dies in Ungarn geschah. Die Parlamentsmatadore in Oesterreich können sich nicht wie in Ungarn rühmen, daß die Regierung ihnen in Allem und Jedem zu Diensten bereit ist, daß ihre Günstlinge und Kreaturen alle Aemter füllen und daß die Staatsgelder Oesterreichs vergeudet worden wären, um durch Bestechung der Wähler ihre Herrschaft zu sichern oder durch allerlei Concessionen die Taschen der Deputirten zu füllen, wie dies sehr schamlos und augenfällig im Nachbarlande der Corruption „par excellence" getrieben wurde. — Dabei ist der österreichische Reichstag nicht wie der ungarische der Kampfplatz für abgeschmackte Phrasenhelden gewesen, die wie alte Weiber immerfort schwätzen, ohne irgend eine fachmännische Bildung oder irgend eine staatsmännische Begabung an den Tag zu legen und den Parlamentarismus immerfort compromittiren. Und während im österreichischen Reichsrathe die Parteibildung eine naturgemäße ist und der Parteikampf in der Regel das Gemeinwohl nicht unterdrückt, sehen wir in Ungarn die beiden Parteien der Rechten und Linken in einer Weise sich bekämpfen, welche das Gemeinwohl geradezu untergräbt und ein Fluch für das arme Land ist, das aus dieser tödtlichen Umarmung der an seinem Lebensmark zehrenden Parteien nur durch eine höhere Gewalt befreit werden kann, welche mit eiserner Gewalt diesem Parteikampf ein Ende macht. — Ein Fremder kann sich keinen Begriff machen von dem thörichten Fanatismus und Terrorismus, welchen dieser Parteikrieg in Ungarn entzündet und großgezogen hat — die individuelle Meinung hat hierlands gar keine Berechtigung. — Was nicht unbedingt zur rechten oder linken Partei gehört und die Gebote der allmächtigen Führer als Dogma befolgt, wird als charakterloses Subject gebrandmarkt und verfolgt. — Ganz in diesem Sinne ist die magyarische Presse ein sklavisches Organ der betreffenden Parteien. Eine unabhängige objective Presse hat in Ungarn keine Existenzberechtigung. Die schmählichsten Verleumdungen verfolgen jede selbstständige Handlung eines Parteimannes und die Folge dieses Terrorismus ist es, daß die übergroße Mehrzahl der aufgeklärtesten Männer und die unbescholtenen Charaktere vor diesem fana=

tischen Treiben Ekel empfinden und von der politischen Action sich ganz zurückziehen. Dieser politische Verfall, welcher dem Absolutismus das Terrain vorbereitet, besteht im österreichischen Volke nicht, wo in richtiger Weise die Interessenvertretung alle Stände zur Vertretung beruft und ein wohlhabendes intelligentes Bürgerthum im Reichstage vertreten ist, welcher das charakteristische Gepräge einer oligarchischen Grundherrschaft, die in Ungarn besteht, durchaus nicht besitzt. Und während in der österreichischen Reichshälfte die öffentliche Verwaltung und Rechtspflege den modernen Begriffen eines Kulturstaates vollkommen entsprechen und das Resultat hundertjähriger eifriger Fürsorge der Regenten Oesterreichs sind, sehen wir in der ungarischen Reichshälfte eine Rechtspflege und eine Verwaltung, über welche das ganze Land jammert und klagt, welche das vollberechtigte Mißtrauen das Auslandes gegen sich hat und das durchlauchtigste Herrscherhaus schließlich compromittiren wird, wenn diesen desolaten Zuständen nicht bald ein energisches persönliches Regime des Monarchen ein Ende macht und die Autorität und die Ehre der Regierung des Königs wieder herstellt. — Wohin man immer blickt, besteht keine Analogie zwischen den politischen Zuständen Oesterreichs und Ungarns, vielmehr kann den ungarischen Völkern nur so geholfen werden, wenn mit Unterdrückung der magyarischen adligen Mißregierung die politischen und administrativen Zustände Ungarns nach dem Vorbild der österreichischen Reichshälfte eingerichtet werden. Und darum soll und muß die Umkehr in Ungarn mittelst eines persönlichen Regimes des Königs für die constitutionellen Zustände Oesterreichs keine Niederlage, vielmehr eine Stärkung und Consolidirung bedeuten, insofern auch ein persönliches Regime in Ungarn nicht heilsam wirken kann, wenn es nicht liberalen Principien huldigt, wenn auch es den „parlamentarischen ungarischen Schwindel" gründlich beseitigt und der Kastenregierung des Grundadels ein Ende macht. — Der jetzige magharische Liberalismus ist der Antagonist einer soliden und vernünftigen Staatsregierung, aber gerade diese letztere muß vor allem Andern hergestellt werden, um sodann auf dieser Grundlage im Geiste des modernen Fortschrittes und eines vernünftigen Liberalismus in Ungarn weiter wirken zu können. Wird Ungarn, wie vorauszusehen, an seinen zerrütteten Staatsfinanzen zusammenbrechen, so muß Oesterreich einen Theil der Lasten übernehmen, welche Ungarn länger zu ertragen nicht in der Lage ist. Aber mit dem Eintritt dieser Finanzkatastrophe ist auch der Ausgleich vom J. 1867 gerichtet, welchen nicht die österreichischen Erblande gemacht, sondern nur einfach anzunehmen genöthigt waren. Für die Opfer, welche Oesterreich dann für Ungarn zu bringen gezwungen sein wird, hat es das Recht zu fordern, daß die Zweitheilung der Monarchie aufhöre, indem Ungarn die damit verbundenen Kosten zu zahlen außer Lage ist. Nachdem der abgesondert gewesene Hausstand nicht mehr erhalten werden kann und in Folge seiner kostspieligen Einrichtungen und seiner wahnsinnigen Vergeudung abgewirthschaftet hat, muß eben der gemeinsame Hausstand wieder hergestellt werden, der in so schweren Zeiten die Monarchie immer geschützt hat. Die Magyaren, welche das J. 1848 und die Kossuth'schen politischen Chimären aus der Bahn der politischen Raison, welche sie durch Jahrhunderte gegenüber Oesterreich immer tactvoll eingehalten hatten, in eine solche Richtung gedrängt, welche im schreienden Gegensatze zu der politischen Unreife, zu der materiellen und geistigen Schwäche und zu den Nationalitäts-Tendenzen des Landes ist, müssen durch die bittersten Erfahrungen gewitzigt, endlich einmal einsehen, daß sie unfähig sind, einen ungarischen Rechtsstaat zu gründen, zu erhalten und mit dem parlamentarischen System zu regieren, daß für sie kein Heil auf diesem Wege zu erwarten und daß sie immer die geplünderte Beute politischer Charlatane bleiben, wenn sie der österreichischen Monarchie den Rücken kehren und von einem zukünftigen ungarischen Reiche träumen, das nur in ihrer überreizten Phantasie und in ihrem Größenwahnsinn besteht. Ihr großer Fehler war es, daß Deák und seine Anhänger im Jahre 1867 einen solchen Ausgleich geschaffen, welcher, statt die österreichische Monarchie zusammenzuhalten, diese in zwei unabhängige Staatshälften gespalten hat, so daß bei dem in der Voraussicht dieser großen Staatsmänner gelegenen Zerfall der Monarchie die ungarische Staatshälfte sofort als selbstständiger Staat von der diplomatischen Welt in die Reihe der souverainen Staaten zweiten Ranges einregistrirt, die westliche Hälfte aber, d. i. die deutschen Erblande dem großen deutschen Einigungsproceß überantwortet und die polnischen Theile etwa Rußland überliefert werden können. Die Herren von der Deákpartei haben gar kein Hehl aus dieser „Voraussicht" gemacht, der Justizminister Horvath hat bald nach dem Ausgleiche im ungarischen Parlamente offen erklärt, daß das eventuelle Schicksal der Monarchie die Sonderstellung Ungarns als unabhängigen Staat unbedingt erheischt, während die Honvédarmee im Falle eines zweiten Sadowa den ungarischen Staat schützen soll (?). Die magyarischen Herren meinen eben in ihrem Hochmuth und Eigendünkel, es werde im Falle des Zusammensturzes der Monarchie das Königreich Ungarn von den Siegern als heiliges und unantastbares Gut respectirt und vor der Suprematie des magyarischen Grundadels und vor dem souverainen Staat Ungarn das diplomatische Europa die Knie beugen. Aber das politische Verhängniß hat diese perfide und alberne „Voraussicht" schwer gezüchtigt und die irre geleiteten Magyaren aus ihren stolzen Träumen, in welche die Ausgleichsgesetze sie gewiegt, zu einem bösen Erwachen verurtheilt, nachdem sie die Zerstörung sehen müssen, welche das Spiel mit dem „parlamentarischen Regime und dem ungarischen souverainen Staat" angerichtet hat. Wenn Kinder Soldaten spielen, gibt man ihnen stumpfe Waffen; aber den Ungarn hat man scharfe Waffen gegeben und damit haben sie sich selbst zerfleischt. Das ist eine schwere Verantwortung für Alle, welche diese Waffen den Magyaren ausgeliefert haben. Aber diese Verantwortung trifft in keiner Weise die Erblande und hätte man den österreichischen Reichsrath befragt, so hätte dieser in diese Zweispaltung der Monarchie niemals eingewilligt. Wir meinen, daß dem österreichischen Reichsrathe ein großer Theil der Aufgabe nun zufallen müßte, nachdem die Nothwendigkeit der Revision des Ausgleiches eingetreten ist. Er wird hoffentlich das Vertrauen des Monarchen zu rechtfertigen wissen und auf der Höhe seiner Aufgabe stehen. Der Standpunkt der österreichischen Verfassung soll nicht aufgegeben werden, hier wie drüben soll die Legislative fortbestehen, aber die Reichsangelegenheiten und ihre Behandlung müssen einer gründlichen Revision unterzogen und die Monarchie geschützt werden. Der frühreife österreichisch-ungarische Parlamentarismus der Februarverfassung scheint auch heute noch keine Existenzberechtigung zu haben. Die Zukunft wird entscheiden, ob dieser Monarchie die parlamentarische Einheit vergönnt sein wird. Es wird noch weitere bittere Erfahrungen bedürfen, bis es den Herren Magyaren gefallen wird, an einen gesammt-österreichischen Verfassungstisch sich zu setzen, wo ihre dominirende Alleinherrschaft sofort ein Ende nehmen würde. Gegenwärtig sind sie in dieser Stimmung durchaus nicht und sie ziehen den Absolutismus einer österreichisch-ungarischen parlamentarischen Einigung unbedingt vor. Freilich denken die nicht magyarischen Völker Ungarns anders und diesen wäre heute eine gemeinsame österreichisch-ungarische Vertretung eine willkommene Zufluchtsstätte für Fortschritt und Civilisation gegenüber der magyarischen Regierungsanarchie.

Wir meinen, daß so ungeheure Schwierigkeiten und eine so schlimme durch die ungarischen Machthaber verschuldete Lage der Monarch ohne den Beistand seiner Völker unmöglich überwinden kann. Je vertrauensvoller Er die Hilfe seiner Völker in Anspruch nimmt, desto sicherer kann Er auf die einmüthige Hingebung derselben rechnen, sobald Er die österreichische Reichsfahne hoch hält. — Die übergroße Mehrzahl in Ungarn schaarte sich heute willig unter dieses Reichspanier, nachdem der ungarische Staat seine Ohnmacht so grell zur Schau getragen und kein vernünftiger Mann im Zweifel ist, daß Ungarn auf der jetzigen Bahn weiter fortgetrieben dem schimpflichsten Untergange entgegeneilt und nur durch eine Umkehr zum Anschlusse an das Reich Oesterreich gerettet werden kann. Der Zerfall Oesterreichs wäre die schrecklichste Katastrophe für Europa und die wilde Eroberungssucht würde ihre ärgsten Orgien feiern. Wer den Frieden Europas liebt, muß für Oesterreich einstehen, das, solange es dasteht, Deutschland und Rußland zur Mäßigung nöthigt und der Theilung Europas zwischen Rußland und Deutschland im Wege steht. Der separatistische magyarische Adel darf dieser europäischen Mission Oesterreichs nicht länger hindernd im Wege stehen.

Oesterreich muß sich aufraffen aus den Banden seines zweistaatlichen, lähmenden Organismus, der seine besten Kräfte gefangen hält und seine Völker spaltet. Das Haus Habsburg fällt und steht mit dieser Monarchie und nur seine Erzfeinde können behaupten, das Ofner Königsschloß werde die Zufluchtsstätte dieses Herrscherhauses sein. Aber das Haus Habsburg ist zu stolz, um von Gnaden der magyarischen Grundherren eine Vasallenexistenz in Ofen fristen zu wollen. Diesen berechtigten Stolz haben die Kaiser von Habsburg dem magyarischen Adel gar oft gezeigt, welcher der "Majestati sacratissimae" in tiefster Verehrung immer huldigte. Wie haben sich die Zeiten doch geändert! Heute scheint das parlamentarische Regime die "Majestas sacratissima" als eine bloße Contrasignatur für die Entschlüsse der allein vom Parlamente abhängigen Minister zu betrachten. Hoffentlich wird dieser politische Exceß bald aufhören und die "Majestas sacratissima" wird wieder aufleben in diesem polyglotten österreichischen Reiche, welches ohne eine einheitliche starke Majestätsgewalt dem Dissolutionsprocesse anheimfällt. Ueber dem König von Ungarn muß des Kaisers von Oesterreich Majestät stehen. So war es immer seit 300 Jahren bis zum Jahre 1867 und stets haben die Völker Ungarns diese höhere kaiserliche Majestät anerkannt, und darum sagen wir offen, daß der König von Ungarn als souverainer Fürst nur innerhalb jener Grenzen regieren kann, welche der Kaiser von Oesterreich ihm vorzeichnet.

Diese elementaren Wahrheiten in der Stellung des Kaisers und Königs hat das Paritätssystem gleichfalls verleugnet. Die beiden monarchischen Gewalten des Kaisers und Königs sind nach diesem Paritätssystem von einander so unabhängig wie die beiden Delegationen, und was der König von Ungarn nicht will, das kann auch der Kaiser von Oesterreich nicht wollen u. s. w. Das wäre allenfalls ein Wortspiel, weil beide Gewalten in einer monarchischen Person vereinigt sind, aber gerade hier zeigt sich dieser Zwiespalt am gefährlichsten, sollte es je dem Monarchen schwer fallen, zwischen seinen Regentenpflichten als Kaiser von Oesterreich und König von Ungarn wählen zu müssen. — Man sieht, daß der falsche Organismus der Monarchie auch die monarchischen Gewalten verwirrt und aus ihrer historischen und natürlichen Sphäre herausgerissen hat. Aber die Natur ist stärker als die Theorie des Gesetzes und glücklicherweise hat mindestens in der auswärtigen Politik bisher immer das höhere Interesse des Kaisers von Oesterreich, d. i. des Gesammtstaates gesiegt. Diesem höhern Interesse des Gesammtstaates, dieser höhern Majestät des Kaisers von Oesterreich wird sich — so hoffen wir — der König von Ungarn fügen, wenn demnächst die Stunde schlägt, in welcher das ohnmächtige ungarische Regime des Parlamentes unter den Verwünschungen des ganzen Landes zusammenbrechen wird. Dann wird die alte Kaisergewalt wieder aufleben, welche mit mächtiger Faust die Rakoczy-Schaaren geschlagen und Ungarn auch vom Joche der Türken befreit hat. Aber so wie im J. 1848 die Feudalrechte zertrümmert und an ihrer Stelle das Ideal eines selbstständigen Parlamentarismus aufgepflanzt wurde, welcher sofort durch den Absolutismus, der auf die Insurrection folgte, unterdrückt und dann im Ausgleiche in der dualistischen Staatsform wieder erweckt wurde, damit er in den Händen des alten Feudaladels zum Verderben des Landes ausarte und Zeugniß gebe von der Unfähigkeit des magyarischen Adels, einen modernen Rechtsstaat aufzubauen, — ebenso muß jetzt an das J. 1849 angeknüpft werden, weil wie damals der magyarische Staat im Blute ertränkt wurde, — so haben die Sünden und Fehler des parlamentarischen Regimes dasselbe gerichtet und hat jener Adel sich selbst gerichtet, der diesen ganzen Ausgleich schuf, um ihn mit frevelnder Hand zu zertrümmern. — Eine neue Aera beginnt für Oesterreich und Ungarn. Mit flammenden Zügen hat die einzuschlagende Bahn die Vorsehung dem Reiche auf den Trümmern der magyarischen Herrlichkeit vorgezeichnet. Das Ideal des großen Agitators, welcher den Adel statt der entzogenen Unterthanen mit der parlamentarischen Herrlichkeit eines unabhängigen ungarischen Staates entschädigen wollte, hat definitiv Schiffbruch gelitten und der

greise ungarische Patriot im freien Exil mag darüber nach=
denken, daß sein Ideal noch größere Wunden seiner Nation
seit 1867 geschlagen als die Niederlage der tapfern Honvéds
im J. 1849 dem Lande bereitet. Der Schimpf der „eigenen
Unfähigkeit, der sittlichen Entartung", das ist das Brandmal,
welches das siebenjährige eigene Regime den Magharen für
lange Zeit an die Stirn drückt. Die bitterste Noth treibt sie
zur letzten Zuflucht, zur Regierung des Königs hin, damit
dieser sie von dem parlamentarischen Unheil erlöse. Nur der
Schutz des Kaisers und Königs und die Hilfe Oesterreichs
kann die Nation retten. Für diese Rettung muß sie ihre
liebsten Ideale zum Opfer bringen, welche sie wie ein trü=
gerisches Irrlicht in's Verderben geführt haben. Und dann
wird das Reich Oesterreich neuverjüngt aus dieser schweren
Probe zu neuem Leben erwachen. Das walte Gott!